Wee

Dieses Maxi-Pixi gehört:

_____

In dieser Maxi-Pixi-Reihe mit Wimmelbildern von Guido Wandrey außerdem erschienen:

- Wimmelspaß auf dem Schiff
- Wimmelspaß im Zoo
- Wimmelspaß im Freizeitpark

Maxi-Pixi Nr. 43
Auflage 2012
© 2010 Carlsen Verlag GmbH
Copyright Originalausgabe: 2006 Esslinger Verlag J. F. Schreiber, PF 10 03 25, 73703 Esslingen
Lithografie: Margit Dittes Media, Hamburg
Herstellung: Steffen Meier
Druck: AZ Druck und Datentechnik GmbH, Kempten
ISBN 978-3-551-04543-0
Printed in Germany

www.pixi.de

Wimmelspaß
in der
Stadt

mit Illustrationen von Guido Wandrey